Süße Verführungen
à la Ludwig II

Monika Kellermann

Augustus

Inhalt

SCHLOSSERBUBEN

MÜNCHNER WÄSCHERMADELN

VERSÖHNUNGS-STANGERL UND -HÖRNCHE

GEBÄCK: KLEIN ABER FEIN

TORTEN UND KUCHEN: TRAUMHAFT BIS GÖTTLICH

Kuppeltorte Neuschwanstein

Reiscreme Hohenlohe und Fernweh-Gelee

Eisige Kanonenkugeln

Mehlspeisen: Königlich-klassisch

Desserts: Verlockendes Finale

Vorwort

Grüß Gott!

Theater möchte verführen – in fremde Welten, ferne Zeiten, in einen Traum von einem anderen Leben. Theater spielt immer in und mit der Gegenwart, aber es will Erinnerungen wachrufen. „Erinnerung ist Paradies“, singt König Ludwig II. in unserem Musical. Für ihn – wie wohl für uns alle – ist das Paradies ein Ort sinnlicher Genüsse, eine Art Schlaraffenland. Monika Kellermann hat Szenen aus „Ludwig II. – Sehnsucht aus dem Paradies“ in süße Rezepte verwandelt.

Für den König selbst hat Deutschlands Meister-Patissier Stephan Franz eine „Paradies-Torte“ erfunden, eigenwillig geformt, dunkel wie die Nacht, in der der König lebte, und gefüllt mit einem fruchtigen Traum.

Verführen Sie selbst zum Träumen. Diese Rezepte werden Ihnen dabei helfen. Die wichtigste Zutat ist Ihre Erinnerung – am besten die an einen Besuch bei uns im Musical.

STEPHAN BARBARINO, PRODUZENT

Herzlich
Ihr

St. Barbarino

Gebäck: Klein aber fein

Karthäuser-Nockerl

Für 4 Portionen

Für den Semmelteig:

4 Milchsemmeln, 1/4 l Milch
3 Eier
80 g Zucker
Mark von 1 Vanilleschote
1/2 TL geriebene Zitronenschale
30 g gehackte Mandeln
30 g Rosinen

Außerdem:

1 Ei, 2 EL Sahne
etwa 60 g Semmelbrösel
30 g geriebene Mandeln
Fett zum Ausbacken
Zucker und Zimt zum Wenden

1. Die Semmeln in dünne Scheiben schneiden und in eine Schüssel geben. Milch mit Eiern, Zucker, Vanillemark und Zitronenschale verquirlen. Die Semmeln damit übergießen, miteinander vermengen und etwa 15 Minuten durchweichen lassen. Reichlich Ausbackfett auf 180 °C erhitzen.

2. Mandeln und Rosinen unter den Semmelteig mischen und aus der Masse mit Hilfe von zwei Esslöffeln Nocken formen. Das Ei mit Sahne in einem tiefen Teller verquirlen und in einem zweiten Teller Semmelbrösel und geriebene Mandeln vermischen.

3. Die Nocken erst im verquirlten Ei, dann in der Bröselmischung wenden und die Panade gut festdrücken. Portionsweise in 4 bis 5 Minuten im heißen Fett goldbraun und knusprig ausbacken. Auf Küchenpapier abtropfen lassen und zum Schluss in Zimtzucker wälzen.

Hobelspäne

Für 30–40 Stück

Für den Teig:

400 g Mehl, 1 Prise Salz
100 g Butter
3–4 EL Sahne
3 Eier
1 Eigelb

Außerdem:

Fett zum Ausbacken
Puderzucker zum Bestäuben

1. Mehl und Salz vermischen, die Butter in Flöckchen darüber geben und mit den Händen abbröseln. Sahne, Eier und Eigelb hinzufügen, rasch verkneten. 30 Minuten kühl stellen. Reichlich Ausbackfett auf 180 °C erhitzen.

2. Den Teig ausrollen und mit einem Teigrad 6 cm lange und ebenso breite Rauten ausschneiden. In jede Raute einen etwa 3 cm langen Schnitt machen und jeweils eines oder beide Teigenden durchziehen.

3. Portionsweise im heißen Fett goldbraun ausbacken. Mit einem Schaumlöffel herausheben und auf Küchenpapier abtropfen lassen. Mit Puderzucker bestäuben.

Schlosserbuben

Für 20–24 Stück

Für den Brandteig:

1/4 l Wasser, 1 Prise Salz

60 g Butter, 150 g Mehl

4–5 Eier (je nach Größe)

Außerdem:

Fett zum Ausbacken

Powidl (Mus aus getrockneten Zwetschgen) zum Füllen

Zucker und Zimt

1. Wasser, Salz und Butter in einem Topf erhitzen und das Mehl auf einmal hineinschütten. So lange mit einem Kochlöffel rühren, bis sich der Teig vom Topfboden löst. Von der Kochplatte nehmen und sofort 1 Ei unterrühren. Abkühlen lassen und dann nach und nach die restlichen Eier unterrühren. Nach jedem Ei den Teig wieder glatt rühren. So viele Eier hinzufügen, bis der Teig in Spitzen vom Kochlöffel reißt. Reichlich Ausbackfett auf 160 °C erhitzen.

2. Mit einem Teelöffel walnussgroße Stücke vom Teig abstechen und portionsweise ins heiße Fett geben. In 3 bis 4 Minuten goldbraun und knusprig backen.

3. Mit einem Schaumlöffel herausheben und auf Küchenpapier abtropfen lassen.

Ludwig II. engagierte für seine Schlossbauten die besten bayerischen Handwerker. Im Musical tritt stellvertretend für alle der Baumeister auf.

4. Den Powidl glatt rühren und in einen Spritzbeutel mit spitzer, langer Tülle füllen. Die Brandteigkrapfen damit füllen.

5. Zucker und Zimt in einem tiefen Teller vermischen und die Schlosserbuben darin wälzen. Möglichst lauwarm essen.

Anstelle des Powidls kann man die Schlosserbuben z. B. auch mit aromatischer Preiselbeer-, Sauerkirsch- oder Johannisbeerkonfitüre füllen.

Holunderblüten-Traum

Für 8 Stück

8 Holunderblüten mit Stiel

Für den Ausbackteig:

120 g Mehl, 1 Prise Salz

1 EL Zucker

abgeriebene Schale von 1/2 unbehandelten Orange

150 ml trockener Weißwein

2 cl Orangenlikör

2 EL flüssige Butter

2 Eiweiße, 1 EL Vanillezucker

Ausserdem:

Fett zum Ausbacken

Puderzucker zum Bestäuben

Für das Erdbeermark:

250 g vollreife Erdbeeren

2 EL Zucker, 1 EL Orangenlikör

1. Holunderblüten gründlich waschen, abschütteln und auf einem Tuch trocknen lassen.

2. Mehl, Salz, Zucker und Orangenschale vermischen und Wein, Likör und Butter unterrühren. Kräftig durchschlagen und 20 Minuten ruhen lassen. Reichlich Ausbackfett auf 180 °C erhitzen.

3. Eiweiße mit Vanillezucker zu schnittfestem Schnee schlagen, gleichmäßig unter den Teig heben.

4. Die Blüten am Stiel halten, in den Teig tauchen und portionsweise in das heiße Fett legen. In 2 bis 3 Minuten knusprig ausbacken. Mit einem Schaumlöffel herausheben und auf Küchenpapier abtropfen lassen. Mit Puderzucker bestäuben.

5. Die Erdbeeren entkelchen und im Mixer pürieren. Durch ein feines Sieb streichen und mit Zucker und Likör abschmecken und das Holundergebäck damit beträufeln.

Münchner Wäschermadeln

Münchner Wäschermadeln

Für 16 Stück

16 Aprikosen

1/8 l Aprikosenlikör

2 EL Puderzucker

Für den Ausbackteig:

200 g Mehl, 1 Prise Salz

30 g Zucker

200 ml trockener Weißwein

2 Eigelbe

2 EL flüssige Butter

2 Eiweiße, 1 EL Vanillezucker

Ausserdem:

150 g Marzipan-Rohmasse

Fett zum Ausbacken

Puderzucker zum Bestäuben

1. Die Aprikosen kurz in kochendes Wasser tauchen, kalt abschrecken und die Haut abziehen. Den Kern entfernen. Likör und Puderzucker verrühren und die Früchte darin etwa 30 Minuten marinieren.

2. Mehl, Salz und Zucker vermischen und Weißwein, Eigelbe und Butter dazugeben. Kräftig durchschlagen, bis ein glatter Teig ensteht. 20 Minuten ruhen lassen. Reichlich Ausbackfett auf 180 °C erhitzen.

3. Die Eiweiße steif schlagen, dabei den Vanillezucker einrieseln lassen und weiterschlagen, bis der Schnee schnittfest ist. Gleichmäßig unterziehen.

4. Aus dem Marzipan kleine Kugeln formen und diese anstelle der Steine in die Marillen füllen. Die gefüllten Früchte mit Hilfe eines Holzspießes in den Teig tauchen und portionsweise in das heiße Fett geben. In wenigen Minuten goldgelb und knusprig ausbacken. Mit einem Schaumlöffel herausheben und auf Küchenpapier abtropfen lassen. Mit Puderzucker bestäuben und lauwarm genießen.

Audienz-Kücherl

Für 16–20 Stück

4–6 große Äpfel

Saft von 1 Zitrone

Für den Ausbackteig:

200 g Mehl, 1 Prise Salz

50 g Zucker, 3 Eigelbe

etwa 1/4 l Bier

3 Eiweiße, 1 EL Vanillezucker

Ausserdem:

Fett zum Ausbacken

3 EL Zucker, Zimt

1. Äpfel schälen, mit einem Ausstecher die Kerngehäuse entfernen. Die Früchte in dicke Scheiben schneiden und mit Zitronensaft beträufeln.

2. Mehl, Salz, Zucker, Eigelbe und Bier zu einem glatten Teig verrühren. Kurz ruhen lassen.

3. Eiweiße steif schlagen, dabei den Vanillezucker einrieseln lassen und gleichmäßig unter den Teig ziehen.

4. Reichlich Ausbackfett auf 180 °C erhitzen. Die Apfelscheiben in den Teig tauchen und portionsweise im heißen Fett ausbacken. Sobald die Früchte weich sind, mit einem Schaumlöffel herausheben und auf Küchenpapier abtropfen lassen, in Zimtzucker wenden.

Paradies-Fensterl

Für 16 Stück

Für den Teig:

knapp 1/4 l lauwarme Milch
20 g Hefe, 1 EL Vanillezucker
500 g Mehl, 1 Prise Salz
1 Ei, 50 g flüssige Butter

Außerdem:

Fett zum Ausbacken
Puderzucker zum Bestäuben

1. Einige Esslöffel lauwarme Milch mit der zerbröckelten Hefe, 1 Prise Vanillezucker und etwas Mehl verrühren und an einem warmen Ort so lange gehen lassen, bis sich die Mischung verdoppelt hat.

2. Restliches Mehl, Vanillezucker, Salz, Ei, Butter und so viel Milch wie nötig hinzufügen. Mit den Knethaken eines Handrührgerätes verkneten. So lange schlagen, bis sich der Teig vom Schüsselboden löst und Blasen wirft. Zugedeckt an einem warmen Ort gehen lassen, bis sich das Teigvolumen verdoppelt hat.

3. Aus dem Teig kleine Kugeln mit 4 bis 5 cm Durchmesser formen, auf ein bemehltes Tuch legen und mit einem weiteren Tuch bedecken. Erneut 15 Minuten gehen lassen. Reichlich Ausbackfett auf 180 °C erhitzen.

4. Die Finger mit Öl einreiben und die Teigkugeln vorsichtig so auseinanderziehen, dass ein dünnes, durchsichtiges Fenster in der Mitte und ein dicker Rand entsteht. Nacheinander ins heiße Fett gleiten lassen. Während des Backens einige Male mit dem Ausbackfett beschöpfen und 2 bis 3 Minuten backen. Vorsichtig wenden, es darf kein Fett auf das „Fensterl" gelangen.

5. Mit einem Schaumlöffel herausheben und auf Küchenpapier gut abtropfen lassen. Mit Puderzucker bestäuben.

> Ludwig schreitet über den Regenbogen ins Paradies – ins kulinarische Elysium gelangt man durch die leckeren Paradies-Fensterl.

Knusper-Mäuserl

Für 18–20 Stück

Für den Teig:

etwa 1/4 l lauwarme Milch
20 g Hefe, 40 g Zucker
300 g Mehl, 4 Eigelbe
abgeriebene Schale von 1/2 unbehandelten Zitrone
1 Prise Salz, 60 g flüssige Butter
1 EL Rum, 30 g Rosinen

Außerdem:

Fett zum Ausbacken
Zucker und Zimt

1. Alle Zutaten bis auf die Rosinen zu einem geschmeidigen Hefeteig verarbeiten, wie nebenan beschrieben. Die Rosinen einarbeiten und etwa 30 Minuten an einem warmen Ort gehen lassen.

2. Das Fett auf 180 °C erhitzen. Einen Esslöffel in heißes Fett tauchen, vom Teig Nockerl abstechen und portionsweise in 6 bis 8 Minuten knusprig ausbacken.

3. Mäuserl mit einem Schaumlöffel herausheben, auf Küchenpapier abtropfen lassen. Zucker und Zimt vermischen, die Mäuserl darin wälzen.

Hoftheater-Törtchen

Für 8 Stück

Für den Belag:

600 g Rhabarber, 80 g Zucker
100 g Butter
100 g Marzipan-Rohmasse
2 EL gemahlene Mandeln
80 g Puderzucker
2 Eigelbe, 40 g Mehl

Außerdem:

300 g tiefgekühlter Blätterteig
1 EL Orangenlikör
4–5 EL Erdbeerkonfitüre
2–3 EL Mandelblättchen

1. Rhabarber waschen, schälen und in 2 cm lange Stücke schneiden. Mit Zucker vermischt etwa 1 Stunde Saft ziehen lassen.

2. Die Butter cremig rühren und das in kleine Stücke geschnittene Marzipan, die Mandeln und den Puderzucker hinzufügen. Eigelbe und Mehl dazugeben und zu einer glatten, cremigen Masse verrühren. Den Backofen auf 210 °C vorheizen.

3. Den Blätterteig 2 bis 3 mm dick ausrollen und 8 Kreise im Durchmesser von 12 cm ausschneiden. Mit der Marzipancreme bestreichen, dabei rundherum einen schmalen Rand frei lassen, damit dieser blättrig aufgehen kann.

4. Die abgetropften Rhabarberstücke auf den Törtchen verteilen und im heißen Backofen auf der mittleren Schiene etwa 15 Minuten backen.

5. Den entstandenen Rhabarbersaft, Orangenlikör und Erdbeerkonfitüre unter Rühren erhitzen. Die heißen Törtchen sofort damit glasieren und den Rand mit Mandelblättchen bestreuen.

Polka-Pärchen

Für 12 Stücke

Für den Biskuitteig:

4 Eigelbe, 80 g Zucker
2 EL Wasser, 4 Eiweiße
100 g Mehl, 25 g Speisestärke
2 EL flüssige Butter

Für die Füllung:

500 g Sahne, 2 EL Vanillezucker
2 cl Kokoslikör
2 EL Kokosmark
4 möglichst gerade Bananen
Puderzucker zum Bestäuben
2–3 EL Kokosflocken

1. Den Backofen auf 200 °C vorheizen. Eigelbe, 60 g Zucker und Wasser dickschaumig schlagen. Eiweiße mit dem restlichen Zucker schnittfest schlagen. Ein Drittel davon auf die Schaummasse häufen, Mehl und Speisestärke darüber sieben und mit der Butter unterrühren. Den restlichen Eischnee vorsichtig unterheben.

2. Die Biskuitmasse gleichmäßig auf ein mit Backpapier ausgelegtes Backblech streichen und im heißen Backofen auf der mittleren Schiene in 10 bis 12 Minuten goldgelb backen. Die Biskuitplatte darf auf keinen Fall zu trocken werden, da sie sonst nicht mehr gerollt werden kann. Am besten mit den Fingerkuppen auf die gebackene Teigplatte drücken. Bilden sich die entstandenen Dellen rasch wieder zurück, ist der Biskuit genau richtig.

3. Sofort auf ein Küchentuch stürzen und von beiden Seiten her zur Mitte hin einrollen. Abkühlen lassen.

4. Die Sahne steif schlagen, dabei den Vanillezucker einrieseln lassen. Kokoslikör und Kokosmark miteinander verrühren und zum Schluss unter die Sahne rühren.

5. Die Teigplatte wieder auseinanderrollen, das Backpapier abziehen und die Teigplatte mit zwei Drittel der Kokossahne bestreichen. Die Bananen schälen, falls nötig, gerade biegen und an den beiden Längsseiten hintereinander anordnen. Mit Hilfe des Tuches von beiden Seiten her einrollen. Dick mit Puderzucker bestäuben.

6. Die restliche Kokossahne in einen Spritzbeutel füllen und spiralförmig in die entstandene Mittelspalte spritzen. Mit Kokosflocken bestreuen.

DIE POLKA VERBINDET: IM MUSICAL FINDEN SISSIS SCHWESTER SOPHIE UND DER JUNGE FOTOGRAF HANFSTAENGL ÜBER DIESEN TANZ ZUEINANDER.

Versöhnungs-Stangerl

Für 20 Stück

300 g tiefgekühlter Blätterteig
100 g Marzipan-Rohmasse
1 Ei, 2 EL Kirschschnaps
100 g gemahlene Haselnüsse
100 g grob gehackte Haselnüsse

Außerdem:

2 Eigelbe, 2 EL Milch
etwa 50 grob gehackte Haselnüsse
Puderzucker zum Bestäuben

Versöhnungs-Stangerl und -Hörnchen

1. Den aufgetauten Blätterteig 2 mm dick zu einem Rechteck von 24 x 30 cm ausrollen.

2. Marzipan und Ei verrühren, Schnaps und gemahlene und gehackte Nüsse untermischen. Die Nussmasse der Länge nach bis zur Hälfte auf der Teigplatte verteilen und die zweite Teighälfte darüber klappen. Kurz mit einem Nudelholz darüber rollen und von der Breitseite her in etwa 1 1/2 cm breite Streifen schneiden.

3. Die Teigstreifen zweimal um die eigene Achse drehen, auf ein mit Backpapier ausgelegtes Blech legen und 20 Minuten kalt stellen.

4. Backofen auf 220 °C vorheizen. Eigelbe und Milch verquirlen und die Spiralen damit bestreichen. Mit den gehackten Nüssen bestreuen und in 10 bis 12 Minuten knusprig backen.

5. Die Versöhnungs-Stangerl mit Puderzucker bestäuben und am besten lauwarm genießen.

Aus dem gleichen Teig können Sie auch Versöhnungs-Hörnchen formen.

Kissinger Pistazien-Kipferl

Für 16 Stück

Für den Plunderteig:

40 g Hefe, 200 ml Milch
3 Eigelbe (60 g)
5 g Salz, 50 g Zucker
50 g Butter
250 g Mehl (Type 405)
250 g Mehl (Type 550)
2 x 200 g eiskalte Butter (zu einer 1,5 cm hohen Platte geformt)

Für die Pistazienmasse:

200 g Marzipanrohmasse
20 g Pistazienpaste
20 g Aprikosenkonfitüre

AUSSERDEM:

250 g Nougat
FÜR DIE PLUNDERGLASUR:
50 g Puderzucker
10 g Trockenmilchpulver
30 ml warmes Wasser

1. Die Hefe in der Milch auflösen und zusammen mit den Eigelben, Salz, Zucker, 50 g Butter und den beiden Mehlsorten in der Küchenmaschine rasch zu einem glatten Teig verkneten. Den Teig zu einer Kugel formen und mit dem Nudelholz zu einem Rechteck ausrollen. Den Teig in Klarsichtfolie gewickelt für 1 Stunde in den Gefrierschrank legen. Dann weitere 2 Stunden im Kühlschrank ruhen lassen.

2. Wie bei der Blätterteigherstellung den Teig doppelt so groß wie eine der Butterplatten ausrollen. Die erste Butterplatte in die Teigmitte legen und die beiden Teighälften darüber schlagen. Den Teig wieder auf seine ursprüngliche Größe ausrollen. Ein Drittel des Teiges einschlagen und das zweite Drittel darüber schlagen. Den Teig wieder 30 Minuten im Kühlschrank ruhen lassen.

3. Dieses Vorgehen mit der zweiten Butterplatte wiederholen.

4. Nach der zweiten Kühlphase den Teig 2 cm dick ausrollen und 20 Minuten ruhen lassen. Dann 1/2 cm dick ausrollen und Dreiecke von 18 x 11 cm ausschneiden. An der längeren Seite einen kleinen Einschnitt vornehmen.

5. Für das Pistazienmarzipan alle Zutaten miteinander verkneten und mit einem Spritzbeutel auf die Dreiecke spritzen. Den Nougat in 5 cm lange und 1 cm dicke Streifen schneiden und auf die Marzipancreme legen. Dann den Teig zu einem Kipferl zusammenrollen und mit einem Tuch bedeckt an einem nicht zu warmen Ort 15 Minuten gehen lassen. Den Backofen auf 220 °C vorheizen. Wenn das Gebäck in den Ofen kommt, die Temperatur auf 175 °C zurück schalten.

6. Für die Glasur Puderzucker mit Trockenmilchpulver vermischen, mit warmem Wasser anrühren und die Kipferl damit bestreichen. Nach dem Erkalten die Hörnchen nach Belieben mit Schokolade überspinnen und mit gehackten Pistazien bestreuen.

DIES IST EINE ABGEWANDELTE KREATION DER KISSINGER KIPFERL VOM MEISTER-PATISSIER STEPHAN FRANZ, DIE ES IN ÄHNLICHER FORM DAMALS SCHON IN KISSINGEN GAB.

Chiemseer Schwänchen

Für 12 Stück

Für den Brandteig:
1/4 l Wasser, 1 Prise Salz
80 g Butter, 150 g Mehl
4 Eier
Für die Füllung:
200 ml Milch, 1 Eigelb
30 g Zucker
Mark von 1 Vanillestange
20 g Vanille-Puddingpulver
1 TL Zucker zum Bestreuen
250 g Sahne, 2 cl Birnenschnaps
2 EL gehackte Pinienkerne
Puderzucker zum Bestäuben

1. Backofen auf 220 °C vorheizen. Wasser, Salz und Butter zum Kochen bringen. Das Mehl auf einmal hineinschütten und so lange mit einem Kochlöffel rühren, bis sich der Teig vom Topfboden löst. Den Topf von der Kochstelle nehmen und sofort 1 Ei unterrühren. So lange rühren, bis wieder ein glatter Teig entsteht, dann das nächste Ei dazugeben. So fortfahren, bis der Teig glänzend ist und in langen Spitzen vom Löffel reißt.

2. Den Teig in einen Spritzbeutel mit großer Lochtülle füllen und 12 Rosetten im Durchmesser von etwa 4 cm sowie 12 Schwanenhälse in Form eines Fragezeichens auf ein mit Backpapier ausgelegtes Backblech spritzen. Im heißen Backofen auf der mittleren Schiene zuerst 10 Minuten bei 220 °C backen, dann die Hitze auf 180 °C reduzieren und in weiteren 10 Minuten fertig backen. 5 Minuten vor Ende der Backzeit die Schwanenhälse herausnehmen.

3. Währenddessen für die Vanillecreme 3 EL Milch mit Eigelb, Zucker, Vanillemark und Puddingpulver verrühren. Die restliche Milch zum Kochen bringen und das angerührte Puddingpulver einlaufen und einige Male aufwallen lassen. Mit Zucker bestreut kalt stellen.

4. Die Sahne steif schlagen und mit dem Birnenschnaps und den Pinienkernen unter die Vanillecreme rühren.

5. Die Windbeutel quer durchschneiden, dann die obere Hälfte noch einmal halbieren. Die unteren Windbeutelhälften mit der Vanillecreme füllen. Jeweils einen Schwanenhals in die Creme drücken und die beiden oberen Hälften wie abstehende Flügel in die Creme stecken.

6. Die Schwäne dick mit Puderzucker bestäuben und möglichst rasch genießen.

Anstelle der Vanillecreme kann man die Schwäne auch mit steif geschlagener Sahne füllen, die mit einem Obstschnaps parfümiert wurde.

Die Schwänchen haben den König aber auch mit pikanten Füllungen erfreut, z. B. mit Leberparfait oder Schinkenmousse.

Der Schwan war Ludwigs Lieblingstier. Im Schloss wie im Musical Theater Neuschwanstein ist er überall zu finden – auch als Dessert.

Bayerische Spitzbuben

Für 40 Stück

Für den Mürbteig:
360 g Mehl, 180 g Zucker
2 EL Vanillezucker, 1 Prise Salz
125 g gemahlene Haselnüsse
250 g kalte Butter
Außerdem:
1 Glas Orangenmarmelade (450 g)
Puderzucker zum Bestäuben

1. Aus den angegebenen Zutaten einen Mürbteig herstellen und mit Folie umhüllt 1 Stunde im Kühlschrank ruhen lassen. Backofen auf 180 °C vorheizen.

2. Den Teig 3 mm dick ausrollen und Kreise mit 3 cm Durchmesser ausstechen. Auf ein mit Backpapier ausgelegtes Backblech legen und auf der mittleren Schiene 10 bis 12 Minuten backen. Vom Blech nehmen und abkühlen lassen.

3. Die Hälfte der Plätzchen mit verrührter Orangenmarmelade bestreichen und mit den restlichen Plätzchen zusammensetzen. Dicht nebeneinander legen und mit Puderzucker bestäuben.

Dattel-Walnuss-Busserl

Für 30 Stück

4 Eiweiße
1 EL Zitronensaft
1 Prise Salz, 280 g Zucker
200 g getrocknete Datteln
200 g Walnusskerne
50 g Orangeat
abgeriebene Schale von 1/2 unbehandelten Orange
1 EL Orangenlikör

1. Die Eiweiße mit Zitronensaft und Salz über einem Wasserbad steif schlagen, dabei nach und nach den Zucker einrieseln lassen. So lange weiterschlagen, bis der Schnee schnittfest und glänzend ist. Den Backofen auf 150 °C vorheizen.

2. Die Datteln entsteinen und mit den Walnüssen und dem Orangeat fein hacken. Orangenschale und -likör unterrühren und alles unter die Baisermasse mischen.

3. Mit einem Teelöffel kleine Häufchen auf ein mit Backpapier ausgelegtes Backblech setzen. Im heißen Backofen auf der unteren Schiene in etwa 40 Minuten mehr trocknen als backen lassen.

Schaumkrönchen

Für 30 Stück

Für den Mürbteig:

300 g Mehl, 1 TL Backpulver

1 Prise Salz, 2 EL Vanillezucker

75 g Zucker

abgeriebene Schale von 1/2 unbehandelten Zitrone

2 Eigelbe, 150 g kalte Butter

Für den Belag:

2 Eiweiße, 100 g Puderzucker

3–4 EL Johannisbeerkonfitüre

2–3 EL bunte Zuckerstreusel

1. Aus den angegebenen Zutaten einen Mürbteig zubereiten und mit Folie umhüllt 30 Minuten im Kühlschrank ruhen lassen.

2. Backofen auf 170 °C vorheizen. Den Teig 3 mm dick ausrollen und Kreise im Durchmesser von 8 cm ausstechen. Jeweils in der Mitte einen Kreis von 4 cm Durchmesser ausstechen. Die Ringe auf ein mit Backpapier ausgelegtes Backblech legen und im heißen Backofen auf der mittleren Schiene in etwa 12 Minuten goldgelb backen. Abkühlen lassen. Temperatur auf 130 °C reduzieren.

3. Eiweiße mit Puderzucker schnittfest schlagen. Konfitüre glatt rühren und die Ringe damit bestreichen. Auf das Backblech legen. Die Baisermasse entweder zickzackförmig oder als kleine Tupfen auf die Ringe spritzen. Mit Zuckerstreuseln bestreuen und im nicht mehr so heißen Backofen etwa 10 Minuten trocknen lassen.

Vanillekipferl

Für 50 Stück

Für den Mürbteig:

300 g Mehl, 80 g Zucker

1 Prise Salz

100 g geschälte, gemahlene Mandeln

1/2 TL gemahlener Zimt

2 Eigelbe, 200 g kalte Butter

Außerdem:

100 g Puderzucker

Mark von 1 Vanilleschote

1. Aus den angegebenen Zutaten einen Mürbteig zubereiten und mit Folie umhüllt 30 Minuten im Kühlschrank ruhen lassen.

2. Backofen auf 170 °C vorheizen. Aus dem Teig kleinfingerdicke Kipferl formen und auf ein mit Backpapier ausgelegtes Backblech legen. Im heißen Backofen 12 bis 15 Minuten hellgelb backen.

3. Die Kipferl sofort mit einer Palette vom Papier lösen, etwas abkühlen lassen und in dem mit Vanillemark vermischten Puderzucker wälzen.

Torten und Kuchen:
Traumhaft bis göttlich

Graf-Esterhazy-Torte

Für 16 Stücke

Für die Baisermasse:

8 Eiweiße, 200 g Zucker
abgeriebene Schale von
1 unbehandelten Orange
1 Msp. gemahlener Zimt
150 g gemahlene Mandeln
40 g Mehl

Für die Buttercreme:

1/4 l Milch, 2 Eigelbe
30 g Vanille-Puddingpulver
150 g Zucker
2 EL Kirschschnaps
1 TL Zucker zum Bestreuen
250 g Butter
3–4 EL Aprikosenkonfitüre

Ausserdem:

200 g Fondant
2–3 EL Mandelblättchen
etwas Kakao

1. Backofen auf 180 °C vorheizen. Eiweiße steif schlagen, dabei Zucker, Orangenschale und Zimt zugeben und weiterschlagen, bis der Schnee schnittfest und glänzend ist. Mandeln und Mehl sorgfältig unterrühren.

2. Ein Backblech mit Backpapier auslegen, zwei Kreise im Durchmesser von 24 cm darauf kennzeichnen und einen Teil der Schaummasse gleichmäßig darauf streichen. Im Backofen bei leicht geöffneter Ofentür hellbraun backen. Weitere 4 Böden auf diese Weise backen.

3. 4 EL Milch mit Eigelben, Puddingpulver und Zucker verquirlen. Die restliche Milch aufkochen und das angerührte Puddingpulver einlaufen lassen. Kurz durchkochen lassen, den Kirschschnaps unterrühren und mit Zucker bestreut kalt stellen.

4. Butter cremig rühren und löffelweise den Pudding dazugeben. Rühren, bis eine glatte Buttercreme entsteht. Die Böden damit bestreichen und aufeinander setzen, etwas Creme für den Rand übrig lassen. Den sechsten Tortenboden mit der Unterseite nach oben auflegen und mit erwärmter Aprikosenkonfitüre bestreichen.

5. Fondant im Wasserbad erwärmen, 2 EL davon abnehmen und mit etwas Kakao verrühren, den Rest sofort über die glasierte Torte gießen. Mit einer Palette glatt streichen. Den Rand mit der restlichen Kirsch-Buttercreme bestreichen und mit Mandelblättchen bestreuen.

6. Die restlichen 2 EL Kakao-Fondant verrühren. Pergamentpapier zu einer Tüte formen und die Spitze abschneiden. Den Kakao-Fondant hineinfüllen und im Abstand von 2 cm Längsstreifen über die Oberfläche der Torte spritzen. Mit einem Messerrücken, den man zwischendurch immer wieder in heißes Wasser taucht, sofort im gleichen Abstand senkrecht dazu Querstreifen ziehen. Torte gut durchziehen lassen.

Nymphentorte

Für 16 Stücke

Für den Biskuitteig:

5 Eigelbe, 50 g Puderzucker
80 g Zartbitter-Schokolade
5 Eiweiße, 80 g Zucker
40 g Mehl
125 g gemahlene Mandeln

Für die Füllung:

250 g Sahne
100 g Zartbitter-Schokolade
150 g Vollmilch-Schokolade

Außerdem:

50 g Zucker, 4 EL Wasser
6 cl Cognac
etwa 50 g Schokoladenspäne

1. Backofen auf 180 °C vorheizen. Eigelbe und Puderzucker schaumig schlagen. Schokolade im Wasserbad auflösen und unterrühren.

2. Eiweiß mit Zucker schnittfest schlagen. Ein Drittel davon mit Mehl und Mandeln unter die Schaummasse rühren, den restlichen Schnee locker unterheben.

3. Den Boden einer Springform von 24 cm Durchmesser mit Backpapier auslegen. Die Masse einfüllen und im heißen Backofen etwa 50 Minuten backen. Abgekühlt zweimal waagrecht durchschneiden.

4. Die Sahne mit der in kleine Stücke gebrochenen Schokolade erhitzen, aber nicht kochen lassen. Dann gut durchrühren und einige Stunden kalt stellen.

5. Zucker und Wasser sirupartig einkochen, Cognac dazugeben und die Böden damit tränken.

6. Die Schokoladensahne dickschaumig aufschlagen, die Kuchenböden damit bestreichen und zusammensetzen. Die Torte mit der restlichen Schokoladensahne rundherum dick bestreichen und üppig mit Schokoladenspänen bestreuen.

Die geheimnisvollen schwarzen Wasserwesen geleiten Ludwig durch das Musical und verkörpern seine Sehnsucht. Darum ist diese Torte den Nymphen gewidmet.

Kuppeltorte Neuschwanstein

Für 12 Stücke

Für den Biskuit:
4 Eigelbe
120 g Zucker
4 Eiweiße
100 g Mehl
30 g Speisestärke
Für die Füllung:
4 EL Himbeerkonfitüre
600 g Himbeeren
100 g Zucker
4 Blatt weiße Gelatine
1 Blatt rote Gelatine
500 g Sahne
1 Päckchen roter Tortenguss
1/8 l Himbeersaft

1. Backofen auf 200 °C vorheizen. Eigelbe mit 100 g Zucker schaumig schlagen. Eiweiße mit restlichem Zucker schnittfest schlagen und auf die Eigelbmasse häufen. Mehl und Speisestärke darüber sieben und unterziehen. Auf ein mit Backpapier ausgelegtes Backblech streichen und in 10 bis 12 Minuten goldgelb backen.

2. Die Biskuitplatte auf ein Tuch stürzen, Backpapier abziehen, aufrollen und abkühlen lassen.

3. Den Biskuit mit Konfitüre bestreichen und wieder aufrollen. Abgekühlt in etwa 1 cm dicke Scheiben schneiden.

4. Die Himbeeren im Mixer fein pürieren, durch ein Sieb streichen. Mit Zucker und der kalt eingeweichten, warm aufgelösten Gelatine verrühren. Kalt stellen und kurz bevor die Masse zu gelieren beginnt, die Hälfte der Sahne steif schlagen und unterziehen.

5. Eine Kuppelform mit Klarsichtfolie auskleiden und möglichst dicht mit den Biskuitscheiben auslegen. Die Himbeersahne einfüllen und einige Stunden kalt stellen. Dann auf eine Kuchenplatte stürzen.

6. Den Tortenguss mit dem Himbeersaft nach Anweisung auf der Packung zubereiten und kurz bevor er geliert, die Kuppel damit überziehen. Erstarren lassen.

7. Die restliche Sahne steif schlagen, in einen Spritzbeutel füllen und die Kuppel nach Belieben garnieren.

Alpseewellen-Schnitten

Für 16 Stücke

Für den Rührteig:

250 g Butter
400 g Puderzucker
8 Eier
350 g Mehl
2 EL Kakao
1 Glas Sauerkirschen (720 ml)
Butter für die Fettpfanne

Für die Buttercreme:

250 g Butter
4 Eigelbe
150 g Puderzucker
8 cl Eierlikör

Außerdem:

200 g Puderzucker
2–3 EL Kirschkonfitüre
etwas Kirschschnaps
evtl. Pistazien oder kandierte Kirschen zum Verzieren

1. Den Backofen auf 180 °C vorheizen. Die weiche Butter mit dem Puderzucker cremig rühren. Nach und nach die Eier hinzufügen und dickschaumig schlagen. Löffelweise das Mehl unterrühren. Den Teig halbieren und eine Hälfte mit Kakao vermischen.

2. Eine Fettpfanne mit Butter ausstreichen und den hellen Teig gleichmäßig einfüllen. Mit dem dunklen Teig bedecken und eine Gabel spriralförmig der Länge nach durch die beiden Teige ziehen. Die abgetropften Sauerkirschen darauf verteilen. Im heißen Backofen in etwa 25 bis 30 Minuten backen.

3. In der Zwischenzeit die weiche Butter cremig rühren und abwechselnd nach und nach die Eigelbe, Puderzucker und Eierlikör dazugeben. Es muss eine glatte Creme entstehen.

4. Den gebackenen Kuchen in dem Blech abkühlen lassen. Dann dick mit der Buttercreme bestreichen und kühl stellen.

5. Den Puderzucker mit fein pürierter und durch ein Sieb gestrichener Kirschkonfitüre sowie so viel Kirschschnaps verrühren, bis ein glatter Zuckerguss entsteht.

6. Mit einer in heißes Wasser getauchten Palette gleichmäßig auf der Buttercreme verteilen. Etwas anziehen lassen, dann mit einem gezackten Garnierkamm oder einer Gabel Wellen auf den Guss zeichnen. Eventuell noch mit Pistazien oder kandierten Kirschen verzieren.

7. Zuckerguss erstarren lassen und den Kuchen aufschneiden.

Paradies-Torte

Für 12 Stücke

Für den Topfen-Nuss-Kuchen:

140 g gemahlene Haselnüsse
20 g Kakao
50 g Mehl (Type 405)
140 g Butter
70 g Marzipanrohmasse
30 g Puderzucker
Mark von 1 Vanilleschote
abgeriebene Schale von
1/2 unbehandelten Orange
5 Eigelbe (100 g)
1 Ei (50 g)
90 g Topfen (20 % Fett i. Tr.)
3 Eiweiße (150 g)
1 Prise Salz, 90 g Zucker
20 g Speisestärke

Für den Orangenboden:

110 g Mehl (Type 405)
6 g Backpulver
60 ml Orangensaft
20 g fein gehackte Arancini
110 g Butter
110 g Zucker, 1 Prise Salz
2 kleine Eier (90 g)

Außerdem:

450 g Orangen-Ingwer-Konfitüre
250 g Zartbitter- oder Vollmilchkuvertüre

1. Den Backofen auf 200 °C vorheizen. Für die Topfen-Nuss-Masse die Nüsse im 160 °C heißen Backofen rösten und nach dem Erkalten zusammen mit dem Kakao und dem Mehl sieben.

2. Die Butter mit Marzipan, Puderzucker, Vanillemark und der Orangenschale schaumig schlagen. Nach und nach die Eigelbe und zum Schluss das Ei unterrühren. Den Topfen unterziehen.

3. Eiweiße mit Salz und einem Drittel des Zuckers mit einem Handrührgerät steif schlagen. Nach und nach restlichen Zucker und Speisestärke dazugeben.

Meister-Patissier Stefan Franz hat für den König diese ungewöhnliche Torte kreiert, die Sie täglich im Musical Theater genießen können.

4. Ein Drittel des Eischnees mit der Nussmischung verrühren. Den Rest des Eischnees unterheben. Die Masse in eine quadratische Kuchenform von 18 cm Seitenlänge füllen und im 180 °C heißen Backofen 45 Minuten backen.

5. Herausnehmen, etwa 5 Minuten ruhen lassen, dann auf ein bemehltes Küchentuch stürzen.

6. Für den Orangenboden Mehl mit Backpulver sieben. Orangensaft mit den Arancini vermischen. Butter, Zucker und Salz cremig schlagen. Die Eier nacheinander hinzufügen. Danach abwechselnd die marinierten Arancini und das Mehl-Backpulver-Gemisch unterrühren. In die gefettete Form füllen. Bei 185 °C 45 Minuten backen.

7. Den Quark-Nuss-Boden einmal quer durchschneiden. Den Orangenboden auf beiden Seiten mit etwas Konfitüre bestreichen, und zwischen die Quark-Nuss-Böden legen. Kuvertüre im Wasserbad schmelzen lassen, die Torte damit überziehen. Entweder wie auf dem Foto garnieren oder einfach nur mit kandierten Orangenscheiben beliebig verzieren.

Freundschafts-Guglhupf

Für 12 Stücke

Für den Hefeteig:

etwa 1/8 l lauwarme Milch
20 g Hefe, 80 g Zucker
300 g Mehl, 1 Prise Salz, 3 Eigelbe
abgeriebene Schale von
1/2 unbehandelten Zitrone
60 g flüssige Butter

Für die Topfenfüllung:

150 g Topfen, 2 EL Zucker
Mark von 1/2 Vanilleschote
1 Eigelb

Für die Mohnfüllung:

100 g frisch gemahlener Mohn
3–4 EL Milch
2 EL Zucker, 2 EL Rosinen
1 EL Rum, 1 Msp Zimt

Für die Nussfüllung:

100 g Haselnüsse, 2 EL Honig
3–4 EL Sahne, 2 EL Rum

Für die Powidlfüllung:

100 g Powidl (Mus aus getrockneten Zwetschgen)

Außerdem:

Fett für die Form
Puderzucker zum Bestäuben

1. Die Hälfte der Milch mit der zerbröckelten Hefe, 1 Prise Zucker und etwas Mehl verrühren und an einem warmen Ort so lange gehen lassen, bis sich die Mischung verdoppelt hat. Dann mit den anderen angegebenen Zutaten zu einem geschmeidigen Hefeteig verkneten und an einem warmen Ort 30 Minuten gehen lassen.

2. Topfen mit Zucker, Vanillemark und Eigelb verquirlen. Mohn mit heißer Milch übergießen, quellen lassen und die übrigen Zutaten hinzufügen. Nüsse mit Honig, Sahne und Rum verrühren.

3. Den Hefeteig durchkneten und 16 Kugeln daraus formen. Jede Kugel zu einem Kreis ausrollen und auf je 4 Kreise einen Klecks Topfen-, Mohn-, Nuss- oder Powidlfüllung geben. Teig zu Säckchen zusammendrücken und abwechselnd nebeneinander in die gefettete Gugelhupfform füllen. Zugedeckt an einem warmen Ort 30 Minuten gehen lassen. Backofen auf 170 °C vorheizen.

4. Den Gugelhupf etwa 1 Stunde backen und in der Form abkühlen lassen. Stürzen und mit Puderzucker bestäuben.

Roseninseltorte

Für 12 Portionen

Für den Vorteig:

1/8 l lauwarme Milch

20 g Hefe, 30 g Zucker

250 g Mehl

60 g Butter

Schale von 1/2 unbehandelten Zitrone

Für die Füllung:

2 Eier, 100 g Zucker

Mark von 1 Vanilleschote

100 g Marzipan-Rohmasse

400 g Topfen

100 g geröstete, gehackte Haselnüsse

50 g Korinthen

1 EL Vanille-Puddingpulver

Außerdem:

Fett für die Form

3 EL Orangenmarmelade

4 EL Orangenlikör

1 TL unbehandelte Orangenzesten

2–3 EL Haselnussblättchen

1. Aus den angegebenen Zutaten einen Hefeteig wie nebenan beschrieben zubereiten. Mit einem Tuch bedeckt an einem warmen Ort mindestens 30 Minuten gehen lassen.

2. Die Eier mit Zucker und Vanillemark schaumig rühren. Marzipan zerbröckeln und mit dem Topfen löffelweise dazugeben. Rühren, bis eine glatte Creme entsteht, dann die Nüsse, Korinthen und das Puddingpulver unterrühren. Den Backofen auf 200 °C vorheizen.

3. Den aufgegangenen Teig noch einmal kurz und kräftig durchkneten, dann zu einem Rechteck von 40 x 50 cm ausrollen. Die Teigplatte mit der Topfenmasse bestreichen und von der Längsseite her aufrollen, dabei die Enden gut festdrücken. Eine Springform von 28 cm Durchmesser ausfetten.

4. Die Teigrolle mit einem scharfen Messer in 12 gleich dicke Scheiben schneiden und diese mit der Schnittfläche nach oben dicht nebeneinander kreisförmig in die Form setzen. Im Backofen etwa 35 Minuten backen.

5. Orangenmarmelade und -likör erhitzen, die Oberfläche des noch heißen Kuchens damit bestreichen. Nach Belieben mit Orangenzesten und Haselnussblättchen bestreuen.

Die Roseninsel war der einzige Ort, wo der „Adler“ Ludwig und die „Möwe“ Sissi für kurze Zeit einander begegnen konnten. Ob diese Torte ihnen die Zweisamkeit versüsste?

Maurischer Apfelkuchen

Für 12 Stücke

Für den Mürbteig:

200 g Mehl, 50 g Speisestärke
1 Prise Salz, 100 g Zucker
2 Eigelbe, 150 g Butter
abgeriebene Schale von 1/2 unbehandelten Zitrone

Für den Belag:

500 g Äpfel, Saft von 1/2 Zitrone
3 Eigelbe, 60 g Zucker
2 EL Crème fraîche
100 g Kokosflocken
2 cl Kokoslikör, 3 Eiweiße

Ludwigs Faible für orientalische Welten ist auch im Musical zu entdecken: Im Maurischen Kiosk erhalten vertraute Genüsse eine exotische Dimension.

1. Mehl, Speisestärke, Salz, Zucker, Eigelbe, Butter und Zitronenschale zu einem glatten Mürbteig verkneten. Mit Folie umhüllt etwa 30 Minuten in den Kühlschrank legen.

2. Die Äpfel schälen, vierteln, Kerngehäuse entfernen und in längliche Schnitze schneiden. Mit Zitronensaft beträufeln.

3. Für die Kokoskruste Eigelbe und Zucker mit den Schneebesen des Handrührgerätes dickschaumig schlagen. Crème fraîche, Kokosflocken und Kokoslikör unterrühren. Eiweiße steif schlagen und den Schnee locker und gleichmäßig unter die Kokosmasse ziehen. Den Backofen auf 200 °C vorheizen.

4. Den Mürbteig auf einem bemehlten Backbrett 4 mm dick ausrollen und Boden und Rand einer gefetteten Springform von 26 cm Durchmesser damit auskleiden. Den Teig mehrmals mit einer Gabel einstechen. Die Äpfel kreisförmig in der ausgekleideten Form anordnen und gleichmäßig mit dem Kokosguss bedecken.

5. Auf der unteren Schiene des Backofens etwa 35 Minuten backen.

Herrenchiemseer Rotweinkuchen

Für 12 Stücke

Für den Rührteig:

200 g Butter, 200 g Zucker
2 EL Vanillezucker
4 Eier, 1 EL Zimt
3 EL Kakao
1/8 l kräftiger Rotwein
250 g Mehl
1 Päckchen Backpulver
100 g Schokoladenstreusel
Fett für die Form

Für die Glasur:

150 g Puderzucker
4 EL Rotwein

1. Backofen auf 180 °C vorheizen. Butter, Zucker, Vanillezucker, Eier, Zimt und Kakao zu einer Schaummasse verrühren. Abwechselnd Wein, Mehl und Backpulver, zum Schluss die Schokostreusel unterrühren.

2. Teig in eine gefettete Gugelhupfform füllen und auf der unteren Schiene des heißen Backofens etwa 1 Stunde backen.

3. Puderzucker mit Wein verrühren und den Kuchen damit überziehen.

Kissinger Walzer-Torte

Für 12 Stücke

Für den Biskuitteig:

6 Eigelbe, 40 g Puderzucker
6 Eiweiße, 80 g Zucker
150 g Mehl
4 EL flüssige Butter

Für die Füllung:

1 Glas Aprikosenkonfitüre (450 g)
1/8 l Wasser, 100 g Zucker
40 g Vollmilch-Schokolade
Saft und Schale von 1 unbehandelten Orange
6 cl Rum
1 EL fein gehacktes Orangeat

Für die Glasur:

100 g Fondant
einige Tropfen Himbeersirup
8 kandierte Kirschen
1 EL grob gehackte Pistazien

1. Backofen auf 180° C vorheizen. Eigelbe und Puderzucker schaumig schlagen. Eiweiße und Zucker schnittfest schlagen, mit Mehl und Butter unter die Schaummasse rühren.

2. In eine mit Backpapier ausgelegte Springform von 26 cm Durchmesser füllen und im heißen Backofen auf der mittleren Schiene 45 bis 50 Minuten backen. Auf einem Kuchengitter abkühlen lassen, dann zweimal waagrecht durchschneiden und den mittleren, dickeren Teil für die Füllung beiseite legen.

3. Einen Boden mit der gebackenen Seite nach unten zurück in die Form legen und mit Konfitüre bestreichen, den zweiten Boden ebenso bestreichen. Den mittleren Boden in Würfel schneiden.

4. Wasser, Zucker, Schokolade, Orangensaft und -schale aufkochen, den Rum unterrühren und die mit Orangeat vermischten Biskuitwürfel damit beträufeln. Auf den bestrichenen Tortenboden füllen und mit dem zweiten Boden bedecken. Die Oberfläche mit einem Brett bedecken und mit einem Gewicht beschweren. Einige Stunden durchziehen lassen.

5. Fondant im Wasserbad auflösen und mit Himbeeersirup färben. Eine Hälfte hellrot, die andere dunkelrot einfärben. Den Kuchen zur Hälfte hellrot, zur anderen Hälfte dunkelrot überziehen und auf der Trennlinie mit kandierten Kirschen und Pistazien verzieren.

Arme-Seelen-Zopf

Für 20 Stücke

Für den Hefeteig:
etwa 1/4 l lauwarme Milch
20 g Hefe
50 g Zucker
500 g Mehl
1 Prise Salz
2 Eigelbe
abgeriebene Schale von 1/2 unbehandelten Zitrone
80 g flüssige Butter

Für die Füllung:
1/4 l Milch
250 g frisch gemahlener Mohn
100 g Zucker, 1 Msp. Zimt
60 g Rosinen, 2 Eigelbe
Außerdem:
60 g flüssige Butter
Puderzucker zum Bestäuben

1. Die Hälfte der Milch mit der Hefe, 1 Prise Zucker und etwas Mehl verrühren und an einem warmen Ort gehen lassen.

2. Dann mit dem restlichen Mehl und Zucker, Salz, Eigelben, Zitronenschale und Butter zu einem geschmeidigen Hefeteig verarbeiten. So lange schlagen, bis sich der Teig vom Schüsselboden löst und Blasen wirft. An einem warmen Ort etwa 30 Minuten gehen lassen.

3. Milch aufkochen lassen, den Mohn einrühren und etwa 2 Minuten köcheln lassen. Von der Kochplatte nehmen und Zucker, Zimt, Rosinen und Eigelbe unterrühren. Abkühlen lassen.

4. Den Hefeteig auf ein bemehltes Backbrett geben und kräftig durchkneten. In 3 Stücke teilen und jeweils zu 30 cm langen Rollen formen. Jede Rolle etwa 14 cm breit ausrollen und erst mit der Hälfte der flüssigen Butter, dann mit der Mohnmasse bestreichen. Von der Längsseite her aufrollen und die Enden gut zusammendrücken. Die 3 Teigstränge zu einem Zopf flechten. Auf ein gefettetes Backblech legen und mit einem Tuch bedeckt erneut an einem warmen Ort etwa 30 Minuten bis zur doppelten Größe aufgehen lassen. Den Backofen auf 180 °C vorheizen.

5. Den Zopf mit der restlichen Butter bestreichen und auf der mittleren Schiene des vorgeheizten Backofens goldbraun backen. Auf einem Kuchengitter abkühlen lassen und mit Puderzucker dick bestäuben.

Im Allgäu, der romantischen Heimat zweier Königsschlösser und des Musical Theaters, nennt man langgezogene Backwaren aus Weißbrotteig „Seelen“.

Mehlspeisen: Königlich-klassisch

Sophies Apfelstrudel

Für 12 Portionen

Für den Strudelteig:

250 g Mehl

1 Prise Salz

1 Eigelb, 1 EL Öl

knapp 1/8 l lauwarmes Wasser

Für die Füllung:

1,5 kg aromatische Äpfel, z. B. Cox Orange oder Boskop

Saft von 1 Zitrone

80 g Rosinen

80 g geröstete Mandelblättchen

abgeriebene Schale von 1 unbehandelten Orange

100 g flüssige Butter

200 g saure Sahne

2 EL Vanillezucker

2 EL Biskuitbrösel

1 TL gemahlener Zimt

Puderzucker zum Bestäuben

1. Das gesiebte Mehl mit Salz auf eine Arbeitsplatte häufen, in die Mitte eine Mulde drücken und Eigelb, Öl sowie das Wasser hineingießen. Mit einer Gabel verquirlen und mit den Händen zu einem weichen Teig verkneten. Falls der Teig zu trocken und brüchig ist, noch ein wenig Wasser dazugießen. So lange mit warmen Händen kneten, bis der Teig glatt und leicht glänzend ist. Die

Oberfläche mit Öl bepinseln und eine vorgewärmte Metallschüssel darüber stülpen. Etwa 30 Minuten ruhen lassen.

2. In der Zwischenzeit die Äpfel schälen, entkernen und in hauchdünne Scheibchen schneiden und mit Zitronensaft vermischen. Mit Rosinen, Mandelblättchen und Orangenschale vermischen. Den Backofen auf 200 °C vorheizen.

3. Den Strudelteig auf einem leicht bemehlten großen Küchentuch erst mit einem Nudelholz ausrollen, dann über den Handrücken hauchdünn ausziehen.

4. Den Teig mit der Hälfte der Buttermenge und der sauren Sahne bestreichen und mit einer Mischung aus Vanillezucker, Biskuitbrösel und Zimt bestreuen. Die Apfelmischung gleichmäßig darauf verteilen und den Strudel mit Hilfe des Tuches aufrollen.

5. Auf ein gefettetes Backblech legen, die Oberfläche mit etwas Butter bestreichen und etwa 40 Minuten backen, dabei gelegentlich mit Butter bestreichen.

6. Den Apfelstrudel leicht abgekühlt mit Puderzucker bestäuben und servieren.

Sehnsuchts-Tascherl

Für 4 Portionen

Für den Teig:

- 600 g gegarte mehlig kochende Kartoffeln
- 1 Prise Salz
- Mark von 1/2 Vanilleschote
- 60 g Mehl, 60 g Grieß
- 1 Eigelb, 40 g Butter

Für die Füllung:

- etwa 150 g Powidl (Mus aus getrockneten Zwetschgen)
- etwas Zimt
- 50 g grob gehackte Haselnüsse

Ausserdem:

- 60 g Butter, 80 g Biskuitbrösel
- 50 g Zartbitter-Kuvertüre
- 1 EL Zwetschgenschnaps
- Puderzucker zum Bestäuben

1. Die gekochten Kartoffeln durchpressen, abkühlen lassen und mit den anderen Zutaten zu einem glatten Kartoffelteig verarbeiten.

2. Den Teig auf einer bemehlten Arbeitsfläche etwa 3 mm dick ausrollen und Kreise mit einem Durchmesser von etwa 8 cm ausstechen.

3. Powidl mit Zimt und Nüssen verrühren und jeweils etwa 1 TL davon in die Mitte der Kartoffelplätzchen geben. Die Kreise zu Halbmonden zusammenklappen und die Ränder gut festdrücken. Die Täschchen in leicht siedendem Salzwasser in etwa 8 bis 10 Minuten gar ziehen lassen.

4. Die Butter zerlassen und die Biskuitbrösel darin goldbraun rösten. Die Kuvertüre über einem Wasserbad schmelzen und mit Zwetschgenschnaps verfeinern.

5. Die Tascherl mit einem Schaumlöffel herausheben, gut abtropfen lassen und in den Butterbröseln wenden. Anschließend auf Tellern anrichten, mit Puderzucker bestäuben und mit der flüssigen Kuvertüre beträufeln.

> In glücklichen Stunden lässt sich unser aller Sehnsucht nach dem Paradies auf einfache, sinnliche Weise stillen – mit einer guten alten Mehlspeise.

Dukaten-Buchteln

Für 18–20 Stück

Für den Hefeteig:

1/8 l lauwarme Milch

15 g Hefe

40 g Zucker

250 g Mehl, 1 Prise Salz

1 Eigelb, 50 g flüssige Butter

2 EL gemahlene geschälte Mandeln

Für die Füllung:

50 g Rosinen, 2 cl Cognac

Für die Form:

50 g Butter, 1 EL Vanillezucker

Puderzucker zum Bestäuben

1. Die Hälfte der Milch mit der Hefe, 1 Prise Zucker und etwas Mehl verühren und zugedeckt an einem warmen Ort 15 Minuten gehen lassen.

2. Dann mit der restlichen Milch, Zucker, Mehl, Salz, Eigelb, Butter und Mandeln zu einem geschmeidigen Hefeteig verarbeiten und zugedeckt etwa 30 Minuten gehen lassen.

3. Rosinen mit Cognac marinieren. Den Backofen auf 200 °C vorheizen.

4. Den Teig zu einer Rolle mit einem Durchmesser von 4 bis 5 cm formen. 3 cm dicke Scheiben abschneiden und diese jeweils mit einigen gut abgetropften Rosinen belegen. Die Ränder darüber zusammendrücken und die Buchteln mit den Nahtstelle nach unten dicht nebeneinander in eine mit der Hälfte der Butter gefetteten Bratreine setzen. Erneut 15 Minuten gehen lassen.

5. Restliche Butter und Vanillezucker erwärmen und die Oberfläche der Buchteln damit bestreichen. Im heißen Backofen in etwa 30 bis 35 Minuten goldbraun backen.

6. Die Buchteln aus der Form stürzen, mit Puderzucker bestäuben, voneinander lösen und mit Champagner-Sabayon servieren.

Statt mit Rosinen kann man die Dukaten-Buchteln auch mit Kirschen, mit fester Konfitüre oder mit Powidl füllen.

Champagner-Sabayon

Für 4 Portionen

2 Eigelbe

1 Ei

80 g Zucker

200 ml halbtrockener Champagner

2 EL geschlagene Sahne

etwas abgeriebene unbehandelte Zitronenschale

1. Eigelbe, Ei und Zucker in einer Rührschüssel aus Metall cremig rühren.

2. Die Schüssel auf ein Wasserbad setzen, den Champagner dazugießen und die Creme so lange mit dem Schneebesen schlagen, bis sie schaumig ist und ihr Volumen sich verdoppelt hat. Zum Schluss die Sahne unterziehen und mit Zitronenschale abschmecken.

3. Die warme Sauce entweder sofort zu den Dukatenbuchteln servieren, sie schmeckt aber auch gekühlt sehr gut.

Luftkissen über Apfelschnee

Für 6 Portionen

Für den Teig:

knapp 1/4 l lauwarme Milch
25 g Hefe, 50 g Zucker
500 g Mehl, 1 Prise Salz
2 Eier, 60 g Butter
Mark von 1 Vanilleschote

Außerdem:

etwa 1/4 l Milch
60 g Butterschmalz oder Butter
3 EL Vanillezucker

Für den Apfelschnee:

500 g geschälte, entkernte Äpfel
1/4 l halbtrockener Weißwein
1 Stückchen Zitronenschale
2–3 EL Vanillezucker
3–4 EL geschlagene Sahne

1. Die Hälfte der Milch mit der Hefe, 1 Prise Zucker und etwas Mehl verrühren und zugedeckt 15 Minuten gehen lassen.
2. Mit der restlichen Milch, Mehl, Zucker, Salz, Eiern, Butter und Vanillemark zu einem weichen Hefeteig verarbeiten und zugedeckt 30 Minuten gehen lassen.
3. Den Teig auf ein bemehltes Backbrett geben und mit den Händen kurz durchkneten. Zu einer etwa 5 cm dicken Rolle formen und etwa 5 cm lange Stücke abschneiden. Jedes Teigstück zu einer Kugel rollen. Zugedeckt erneut 30 Minuten gehen lassen.
4. In einem gut schließenden, hohen Schmortopf Milch, Butterschmalz oder Butter und Vanillezucker zum Kochen bringen. Die Teigkugeln nebeneinander hineinsetzen, den Topf fest verschließen und bei schwacher Hitze 20 Minuten garen. Zwischendurch auf keinen Fall öffnen, sonst entweicht Dampf und die Luftkissen fallen zusammen. Nach Ende der Garzeit muss die Flüssigkeit völlig aufgesogen sein, und die Luftkissen sollten unten eine dicke, goldbraune Kruste haben.
5. Äpfel mit Wein, Zitronenschale und Vanillezucker kochen lassen, bis die Äpfel zerfallen. Mit dem Schneebesen verschlagen. Abkühlen lassen, dann die Sahne unterziehen. Die Luftkissen auf dem Schnee anrichten.

Traum-Nockerl

Für 2 Portionen

Für die Schaummasse:

5 Eiweiße

30 g Zucker

abgeriebene Schale von
1/2 unbehandelten Zitrone

Mark von 1/2 Vanilleschote

20 g Mehl

3 Eigelbe

Für die Form:

20 g Butter

2 EL Vanillezucker

5 EL Milch

Außerdem:

Puderzucker zum Bestäuben

1. Den Backofen auf 250 °C vorheizen. Die Eiweiße steif schlagen, dabei den Zucker einrieseln lassen und so lange weiterschlagen, bis der Schnee schnittfest und glänzend ist. Zitronenschale und Vanillemark dazugeben, das Mehl darüber sieben und alles mit den verquirlten Eigelben vorsichtig vermischen. Auf keinen Fall rühren, die Eigelbstreifen sollen noch sichtbar sein.

2. Eine ovale, feuerfeste Form mit Butter ausstreichen und mit 1 EL Vanillezucker ausstreuen. Aus der Teigmasse, am besten mit einem Teigschaber, drei große, pyramidenförmige Nocken formen und nebeneinander in die Form setzen. Im heißen Backofen auf der mittleren Schiene etwa 5 Minuten backen.

3. Die Milch mit dem restlichen Vanillezucker erhitzen und um die Nockerl gießen. Die Backofentür nicht mehr ganz schließen, eventuell einen Kochlöffel dazwischen klemmen und die Nockerl in weiteren 3 bis 4 Minuten fertig backen. Herausnehmen, mit Puderzucker bestäuben und sofort servieren.

Die zarten Traumnockerl sind äußerst empfindlich. Ein kleiner Luftzug – und schon fällt die lockere Pracht in sich zusammen!

WER WEISS SCHON, DASS SISSIS LEIBSPEISE ERST SPÄTER FÜR DEN KAISER VEREINFACHT WURDE. IM MUSICAL THEATER NEUSCHWANSTEIN KOMMT DIE HISTORISCHE WAHRHEIT WIEDER AUF DEN TISCH.

KAISERIN-SCHMARRN

FÜR 2 PORTIONEN (HAUPTSPEISE)

50 g Rosinen, 4 cl Mandellikör
4 Eigelbe, 40 g Zucker
1 Prise Salz, 125 g Sahne
90 g Mehl, 40 g Speisestärke
40 g geröstete Mandelstifte
4 Eiweiße, 1 EL Vanillezucker

AUSSERDEM:

40 g Butterschmalz zum Backen
40 g Nougat
Puderzucker zum Bestäuben

1. Die Rosinen mit Mandelikör begießen und mindestens 30 Minuten einweichen.

2. Den Backofen auf 220 °C vorheizen. Eigelbe, Zucker und Salz mit den Schneebesen des Handrührgerätes schaumig rühren. Abwechselnd nach und nach Sahne, Mehl, Speisestärke, Mandelstifte und Rosinen samt Einweichflüssigkeit unterrühren.

3. Eiweiße steif schlagen, dabei den Vanillezucker einrieseln lassen und so lange weiterschlagen, bis der Schnee schnittfest und glänzend ist. Locker und gleichmäßig unter den Teig ziehen.

4. 20 g Butterschmalz in einer großen Pfanne mit feuerfestem Griff erhitzen und den Teig hineingeben. 2 bis 3 Minuten anbraten, dann die Pfanne in den heißen Backofen stellen und etwa 5 bis 7 Minuten aufgehen und goldbraun backen lassen.
5. Die Pfanne erneut auf die heiße Kochplatte stellen, und das Omelette mit zwei Gabeln in Stücke reißen. Restliches Butterschmalz und das in Stücke geschnittene Nougat dazugeben und mit Puderzucker bestäuben. Den Schmarrn unter Schwenken der Pfanne glasieren.
6. Auf eine vorgewärmte Platte geben und sofort servieren.
Dazu passt ein Kompott der Saison, im Sommer aus Aprikosen oder Kirschen, im Herbst und im Winter aus Äpfeln oder Quitten.

Linderhofer Pfannkuchen

Für 2 Portionen (Hauptspeise)

Für den Teig:

80 g Mehl, 1 Prise Salz
etwa 100 ml Milch
2 Eier
100 ml Mineralwasser mit Kohlensäure
3 EL flüssige Butter
1 EL frisch geriebener Ingwer
2 EL Birnenschnaps

Für die Füllung:

250 g aromatische Birnen
30 g Butter
50 g Puderzucker
Saft von 1/2 Zitrone
4 cl Birnenschnaps
2 EL Mandelstifte

Außerdem:

Butter oder Butterschmalz
4 Kugeln Schokoladeneis
1 EL gehackte Pistazien
Puderzucker zum Bestäuben

1. Mehl, Salz, Milch, Eier, Wasser und Butter mit dem Mixstab gründlich zu einem glatten Pfannkuchenteig verquirlen. Ingwer sowie Birnenschnaps hinzufügen und mindestens 15 Minuten ruhen lassen.
2. Die Birnen schälen, halbieren und entkernen. Die Hälften in längliche Spalten schneiden. Die Butter zerlassen und den Puderzucker darin karamellisieren lassen. Dann die Birnenspalten darin goldgelb braten. Mit Zitronensaft und Birnenschnaps ablöschen und in wenigen Minuten weich dünsten. Die Mandeln in einer zweiten Pfanne goldbraun rösten.
3. In einer beschichteten Pfanne in wenig Fett nacheinander 8 möglichst dünne Pfannkuchen backen. Die fertigen Pfannkuchen jeweils auf einen großen Teller legen und einen zweiten Teller darüberstülpen. So weiter verfahren, bis der Teig verbraucht ist.
4. Die Pfannkuchen mit den Birnenspalten belegen und erst auf die Hälfte, dann zu einem Dreieck zusammenklappen. Auf vier Teller verteilen und mit je 1 Kugel Schokoladeneis anrichten. Pistazien darüberstreuen und mit Puderzucker bestäuben.

In Schloss Linderhof kommt das berühmte „Tischlein deck dich“ aus der Versenkung, damit der König ungestört und möglichst heiss speisen konnte – zum Beispiel diese Spezialität.

Mohr im Hemd

Für 6 Portionen

100 g Mokka-Schokolade
80 g Haselnüsse
50 g Butter
50 g Zucker
5 Eigelbe
1 EL Instant-Kaffeepulver
1 Msp. Kardamom
1 Msp. Zimt
Schale von 1/2 unbehandelten Orange
2 cl Orangenlikör
5 Eiweiße
20 g Biskuitbrösel
20 g Speisestärke
1 EL stark entölter Kakao
Fett und Brösel für die Form

Ausserdem:

200 g Sahne

1. Die Schokolade in kleine Stückchen brechen und über einem Wasserbad auflösen. Die Haselnüsse im 200 °C heißen Backofen 15 bis 20 Minuten rösten, dann die Schalen abreiben und die Nüsse fein mahlen.

2. Weiche Butter und 30 g Zucker cremig rühren und nach und nach Eigelbe, flüssige Schokolade, Kaffeepulver, Gewürze, Orangenschale und Likör hinzufügen.

3. Die Eiweiße mit dem restlichen Zucker zu steifem Schnee schlagen und auf die Schaummasse häufen. Nüsse, Brösel, Speisestärke und Kakao darüber streuen und alles vorsichtig miteinander vermengen.

4. Eine Kochpuddingform samt Deckel gut einfetten und mit Bröseln ausstreuen. Die Masse einfüllen, dabei muss ein Rand von etwa 4 cm bleiben. Die Form gut verschließen und im Wasserbad etwa 1 Stunde bei schwacher Hitze garen.

5. Herausnehmen und noch etwa 5 Minuten ruhen lassen. Dann den Pudding auf einen Teller stürzen und die halbsteif geschlagene Sahne dazu reichen.

Man kann den Mohr im Hemd zusätzlich mit flüssiger Kuvertüre begiessen oder Schokosauce dazu reichen.

Hofball-Soufflé

Für 4 Portionen

2 Eigelbe
80 g Zucker
Schale von 1/2 unbehandelten Zitrone
Mark von 1/2 Vanilleschote
125 g Topfen
125 g Mascarpone
20 g Speisestärke, 2 Eiweiße
Butter und Vanillezucker für die Förmchen

1. Backofen auf 200 °C vorheizen. Eigelbe, 60 g Zucker, abgeriebene Zitronenschale und Vanillemark mit den Schneebesen eines Handrührgerätes schaumig rühren. Löffelweise den Topfen, Mascarpone und Speisestärke hinzufügen und zu einer glatten Creme verrühren.

2. Eiweiße und restlichen Zucker sehr steif schlagen und gleichmäßig unterziehen.

3. 4 Souffléförmchen ausfetten und mit Vanillezucker ausstreuen. Die Masse einfüllen, dabei einen 1 cm breiten Rand lassen. Im Wasserbad 15 bis 20 Minuten garen. Sofort servieren.

Volksauflauf im Schneegestöber

Für 4 Portionen (Hauptspeise)

Für die Auflaufmasse:
5 Semmeln
1/4 l Milch, 2 cl Calvados
2 Eier
abgeriebene Schale von 1/2 unbehandelten Zitrone
1 Msp. Zimt
Mark von 1/2 Vanilleschote
Für die Füllung:
250 g aromatische Äpfel
2 cl Calvados
40 g Rosinen
4 EL gehackte Haselnüsse
40 g Zucker
Für die Schneehaube:
2 Eiweiße, 50 g Zucker
2 EL Haselnussblättchen
Ausserdem:
Butter und Brösel für die Form
40 g Butter

1. Die Semmeln in dünne Scheiben schneiden. Milch, Calvados, Eier, Zitronenschale, Zimt und Vanillemark verquirlen und über die blättrig geschnittenen Semmeln gießen. Einweichen lassen, bis alle Flüssigkeit aufgesogen ist. Den Backofen auf 180 °C vorheizen.

2. Die Äpfel schälen, vierteln und dünnblättrig schneiden. Mit Calvados beträufeln, mit Rosinen, Nüssen und Zucker vermischen.

3. Die Hälfte der Semmelmasse in eine gefettete und gebröselte Auflaufform geben. Mit der Apfelmischung belegen und mit der restlichen Semmelmasse bedecken. Die Oberfläche mit Butter in kleinen Flöckchen belegen und im heißen Backofen etwa 40 Minuten backen.

4. Die Eiweiße steif schlagen, dabei den Zucker einrieseln lassen und so lange weiterschlagen, bis der Schnee schnittfest ist.

5. Den Auflauf herausnehmen und die Backofentemperatur auf 250 °C erhöhen.

6. Den Schnee auf den gebackenen Scheiterhaufen streichen und mit den Haselnussblättchen bestreuen. Im heißen Backofen in wenigen Minuten bräunen. Sofort mit einem Kompott der Saison servieren.

Kabinettspudding

Für 4 Portionen (Hauptspeise)

Für die Puddingmasse:
200 g Biskuit oder Löffelbiskuits
50 grob gehackte Mandeln
30 g grob gehackte Pistazien
je 40 g in Würfel geschnittenes Zitronat und Orangeat
50 g Rosinen

4 cl Orangenlikör
300 ml Milch
50 g Zucker
2 EL Vanillezucker
3 Eier
AUSSERDEM:
Butter für die Form
Puderzucker zum Bestäuben

1. Biskuit oder Löffelbiskuits in kleine Würfel schneiden und mit den Mandeln und Pistazien vermischen. Zitronat, Orangeat und Rosinen mit dem Likör begießen und 10 Minuten marinieren.

2. Milch, Zucker, Vanillezucker und Eier gründlich mit einem Schneebesen verquirlen.

3. Eine Koch-Pudding-Form samt Deckel sorgfältig mit Butter ausstreichen und mit Puderzucker ausstreuen.

4. Biskuitwürfel und die marinierten Früchte miteinander vermischen und in die Koch-Pudding-Form füllen. Mit der Eiermilch übergießen. Darauf achten, dass die Form nur zu drei Vierteln gefüllt ist, damit sich die Masse während des Garens ausdehnen kann. Die Form mit dem passenden Deckel fest verschließen.

5. Einen umgestürzten Teller in ein Wasserbad legen, die Form darauf stellen und den Topf mit einem gut schließenden Deckel bedecken. Ein feuchtes Tuch darüber legen und den Pudding bei schwacher Hitze in 50 bis 60 Minuten garen. Das Wasser darf dabei nicht kochen.

6. Den gegarten Pudding herausnehmen, einige Minuten ruhen lassen, dann den Deckel abnehmen und auf eine vorgewärmte Platte stürzen. Mit Puderzucker bestäuben und mit Champagner-Sabayon (Seite 40) servieren.

IM MUSICAL WIE IN DER GESCHICHTE KÄMPFTE LUDWIG GEGEN SEIN KABINETT, WEIL IHN DIE MINISTER DARAN HINDERN WOLLTEN, SEINE TRÄUME ZU VERWIRKLICHEN.

Desserts: Verlockendes Finale

Reiscreme Hohenlohe

Für 4 Portionen

Für den Reisbrei:

60 g Rundkornreis, 1 Prise Salz

1 l Wasser

1/4 l Milch

40 g Zucker

Mark von 1 Vanilleschote

4 Blatt weiße Gelatine

100 g Kompottfrüchte

50 g gemischte kandierte Früchte

2 EL Maraschino

250 g Sahne

2 EL gehackte Pistazien

Außerdem:

250 g frische Erdbeeren

2 EL Zucker

einige Tropfen Aceto Balsamico

2 EL Orangenlikör

250 g Sahne

1. Den Reis mit Salz im Wasser etwa 6 Minuten kochen lassen. Auf ein Sieb schütten und gut abgetropft in die kalte Milch geben. Zucker und Vanillemark dazugeben und zum Kochen bringen. Bei schwacher Hitze ausquellen lassen, dabei zwischendurch umrühren.

2. Gelatine in kaltem Wasser einweichen und gut ausgedrückt unter den weich gedünsteten, heißen Reis mischen. Kalt stellen, bis die Mischung leicht zu gelieren beginnt.

3. Währenddessen Kompott- und kandierte Früchte in kleine Würfel schneiden und mit Maraschino marinieren. Das Sahne steif schlagen.

4. Die Früchte mit der Einweichflüssigkeit und mit den gehackten Pistazien unter den Reis rühren und die Sahne gleichmäßig unterziehen. Die Masse in eine große, kalt ausgespülte Puddingform oder auf vier kleine Förmchen verteilen. Zugedeckt im Kühlschrank einige Stunden erstarren lassen.

5. Die Erdbeeren entstielen und im Mixer fein pürieren. Durch ein

Sieb streichen und mit Zucker verrühren, bis sich der Zucker gelöst hat. Mit Essig und Orangenlikör abschmecken und kalt stellen.

6. Kurz vor dem Servieren die Form oder die Förmchen in heißes Wasser tauchen und auf Teller stürzen. Die Sahne steif schlagen und den Reis damit verzieren. Mit der Fruchtsoße umgießen.

Mitternachts-Savarins

Für 8 Portionen

Für den Teig:

- 150 g Mehl, 1 Prise Salz
- 10 g Hefe
- 50 ml Milch
- 20 g Zucker, 2 Eier
- 20 g Butter
- Schale von 1/2 unbehandelten Orange
- Fett für die Förmchen

Zum Tränken:

- 50 g Zucker, 100 ml Weißwein
- Saft und Schale von 1/2 unbehandelten Orange
- 4 cl Orangenlikör
- 6 cl Rum

Für die glasierten Feigen:

- 4 frische Feigen
- 1 EL Puderzucker
- 100 ml Portwein

Für den Portweinschaum:

- 1/8 l roter Portwein
- 30 g Zucker, 3 Eigelbe
- frisch geriebene Muskatnuss
- 2–3 EL geschlagene Sahne

1. Aus den angegebenen Zutaten, wie auf Seite 12 beschrieben, einen sehr weichen Hefeteig zubereiten und etwa 30 Minuten an einem warmen Ort gehen lassen.

2. Backofen auf 180 °C vorheizen. 8 Ringförmchen mit Butter ausfetten. Den Teig in einen Spritzbeutel mit glatter Tülle geben und in die Förmchen spritzen. Sie dürfen nur halb gefüllt sein. Erneut etwa 15 Minuten gehen lassen. Dann im Backofen in etwa 15 Minuten goldbraun backen.

3. Zucker und Wein mit Orangensaft und -schale sirupartig einkochen lassen. Von der Kochstelle nehmen und Orangenlikör sowie Rum hinzufügen.

4. Feigen häuten und vierteln. In eine feuerfeste Form legen. Mit Puderzucker bestäuben, mit Portwein umgießen und im heißen Backofen etwa 15 Minuten garen.

5. Savarins auf einen Teller stürzen, mit dem Sirup beträufeln.

6. Portwein mit Zucker, Eigelben und Muskat über einem Wasserbad schaumig aufschlagen. Unter weiterem Schlagen abkühlen lassen und die Sahne unterziehen. Savarins mit den Früchten umkränzen und mit dem Schaum beträufeln.

Eissoufflé Zaubergarten

Für 4 Portionen

250 g Sahne
2 Eiweiße, 60 g Zucker
2 EL Crème double
80 g Walnüsse
1 EL dünnflüssiger Waldhonig
1–2 EL Kakao zum Bestäuben
1 EL Puderzucker zum Bestäuben
4 Walnusshälfen

1. Die Sahne steif schlagen. In einer zweiten Schüssel die Eiweiße steif schlagen, dabei 40 g Zucker einrieseln lassen und so lange weiterschlagen, bis ein schnittfester und glänzender Schnee entstanden ist.

2. Geschlagene Sahne und Eischnee locker miteinander vermischen und die Crème double unterziehen.

3. Die Walnüsse grob hacken. Den restlichen Zucker in einer Kasserolle schmelzen lassen und die Nüsse darin unter Rühren goldbraun karamellisieren lassen. Abkühlen lassen, dann mit dem Waldhonig unter die Sahnemischung ziehen.

4. 4 Soufflétörmchen mit doppelt gefalteten Pergamentpapier außen so umhüllen und mit Klebestreifen fixieren, dass ein 3 cm hoher Rand übersteht.

5. Die Eismasse 2 cm über den Förmchenrand einfüllen und in etwa 2 bis 3 Stunden im Tiefkühlgerät gefrieren lassen.

6. Die Förmchen mindestens 15 Minuten vor dem Servieren herausnehmen und Papiermanschetten entfernen. Die Oberfläche diagonal abwechselnd dick mit Kakao und Puderzucker bestäuben, mit je 1 Nusshälfte belegen.

Eisige Kanonenkugeln

Eissoufflé Istanbul

Für 4 Portionen

250 g Sahne
2 Eiweiße
40 g Zucker
2 EL Crème double
60 g Zartbitter-Kuvertüre
1 EL Kakao
1 TL frisch geriebener Ingwer
2 EL klein gehackter kandierter Ingwer
2 EL geröstete Pinienkerne
Schokoladenspäne und Puderzucker zum Verzieren

1. Die Grundmasse wie beim vorhergehenden Rezept zubereiten.
2. Kuvertüre über dem heißen Wasserbad erst schmelzen, dann wieder abkühlen lassen und mit dem Kakao, dem geriebenen und kandierten Ingwer sowie den Pinienkernen unter die Sahnemasse mischen.
3. Masse in Förmchen füllen und einige Stunden gefrieren lassen. Kurz vor dem Servieren die Oberfläche dick mit Schokoladenspänen garnieren und mit etwas Puderzucker bestäuben.

EISIGE KANONENKUGELN

FÜR 6 PORTIONEN

FÜR DEN BISKUIT:
3 Eigelbe
80 g Zucker
3 Eiweiße
40 g Speisestärke, 40 g Mehl
10 g stark entölter Kakao

FÜR DIE FÜLLUNG:
6 große Kugeln Vanilleeis

ZUM PANIEREN:
2 Eier
etwa 100 g Haselnussblättchen
Öl zum Frittieren

1. Backofen auf 180 °C vorheizen. Aus den angegebenen Zutaten einen Biskuit zubereiten und dünn auf ein mit Backpapier ausgelegtes Backblech streichen und 6 bis 8 Minuten backen.
2. Abkühlen lassen, dann 12 Kreise ausstechen, sie sollen im Durchmesser etwas größer als die zu umhüllenden Eiskugeln sein.
3. Je 1 Eiskugel auf ein Teigplätzchen legen, mit einem zweiten bedecken und die Ränder fest zusammendrücken. Wie einen Knödel rund formen.
4. Die Kugeln erst in den verquirlten Eiern, dann in den Nussblättchen wenden. Die Panade gut festdrücken und mindestens 30 Minuten tiefkühlen.
5. Kurz vor dem Servieren die Kugeln in wenigen Minuten in reichlich erhitztem Öl goldbraun und knusprig backen. Herausheben, auf Küchenpapier abtropfen lassen und sofort je nach Geschmack mit einer Schoko- oder Fruchtsoße servieren.

LUDWIG II. MUSSTE DREI KRIEGE FÜHREN, ABER ER LEBTE NUR FÜR DIE KÜNSTE – ZU DENEN ER SELBSTVERSTÄNDLICH AUCH DIE KOCHKUNST ZÄHLTE.

Königlich-Bayrische Rahmsulz

Für 6 Portionen

1/2 l Milch
2 Vanilleschoten
6 Blatt weiße Gelatine
5 Eigelbe
60 g Zucker
2 cl Orangenlikör
400 g Sahne

Außerdem:

500 g Erdbeeren
3–4 EL Zucker

1. Die Milch in einem Kochtopf mit den aufgeschlitzten Vanilleschoten erhitzen.

2. Die Gelatine in reichlich kaltem Wasser einweichen. Eigelbe und Zucker in einer Schlagschüssel aus Metall mit einem Schneebesen so lange schlagen, bis die Masse weiß und cremig ist und der Zucker sich völlig aufgelöst hat.

3. Die Vanilleschoten aus der heißen Milch fischen und das Mark mit einem spitzen Messer in die Milch schaben. Die Vanillemilch unter Rühren in die Eigelbmasse gießen. Über einem Wasserbad so lange aufschlagen, bis die Mischung dickschaumig wird. Auf keinen Fall kochen lassen, da sie sonst gerinnt. Ausgedrückte Gelatineblätter nacheinander in die heiße Creme geben und unter Rühren auflösen. Mit Orangenlikör verfeinern.

4. Die Schüssel in ein kaltes Wasserbad stellen und die Creme kalt rühren. Die Sahne steif schlagen und kurz bevor die Creme zu gelieren beginnt, locker und gleichmäßig unterziehen.

5. Die Creme in eine kalt ausgespülte hübsche Form, z. B. eine Stern- oder Schwanform füllen. Mit Folie bedecken und im Kühlschrank mehrere Stunden erstarren lassen.

6. Kurz vor dem Servieren den Rand mit den Fingerkuppen lösen, die Form in heißes Wasser tauchen und auf Teller stürzen.

7. Erdbeeren mit Zucker pürieren und durch ein Sieb streichen. Je nach Jahreszeit schmeckt dazu auch ein Kompott, eine Karamell- oder Schokoladensoße.

Weisse Schoko-Serenade

Für 6 Portionen

200 g sehr gute weiße Kuvertüre
2 Blatt weiße Gelatine
4 Eigelbe
1 EL Akazienhonig
Mark von 1/2 Vanilleschote
Saft und Schale von
1/2 unbehandelte Orange
2 cl Mandellikör
2 Eiweiße, 1 EL Zucker
200 g Sahne
Puderzucker zum Bestäuben

1. Kuvertüre über einem Wasserbad schmelzen lassen. Gelatine in kaltem Wasser einweichen.

2. Eigelbe mit Honig, Vanillemark, Orangensaft und -schale sowie dem Likör in einer Schlagschüssel über einem Wasserbad cremig aufschlagen. Die gut ausgedrückte Gelatine darin auflösen und die geschmolzene Kuvertüre unterrühren. Vom Wasserbad nehmen und unter Rühren erkalten lassen.

3. Eiweiße mit Zucker schnittfest schlagen, Sahne steif schlagen und mit dem Eischnee gleichmäßig unter die Schokoladenmasse ziehen. In eine flache Schale füllen und im Kühlschrank in 2 bis 3 Stunden erstarren lassen.

4. Mit zwei Esslöffeln Nocken abstechen und auf mit Puderzucker bestäubten Tellern anrichten. Beliebig verzieren, z. B. mit Minzeblättern, exotischen Früchten und dunklen Schokoblättchen.

Wasserfall-Creme

Für 4 Portionen

400 g Edelkastanien (Maroni)
1/8 l Milch
Mark von 1 Vanilleschote
40 g Puderzucker
250 g Sahne
1 EL Rum
1 Eiweiß, 20 g Zucker
Puderzucker zum Bestäuben

1. Edelkastanien an der Oberseite einritzen und mit Wasser bedeckt weich kochen. Schälen und im Mixer fein pürieren. Mit Milch und Vanillemark zum Kochen bringen und unter Rühren so lange kochen lassen, bis ein dickes Mus entstanden ist. Puderzucker und die Hälfte der Sahne unterrühren und erneut einkochen lassen. Mit Rum abschmecken, erkalten lassen.

2. Eiweiß mit Zucker schnittfest schlagen. Restliche Sahne steif schlagen und beides unter das Kastanienmus heben. Dann in einen Spritzbeutel mit dünner, gezackter Tülle füllen und Längsstreifen neben- und übereinander auf Teller spritzen, ähnlich wie ein Wasserfall. Mit Puderzucker bestäuben.

Ohne Geld aus Preussen kann der König nicht weiterbauen. Diplomatie geht über den Geldbeutel, das Tanzparkett – oder den Magen.

Preussische Diplomatencreme

Für 4 Portionen

3 Blatt weiße Gelatine
3 Eigelbe, 80 g Zucker
abgeriebene Schale von 1/2 unbehandelten Orange
2 cl Orangenlikör
100 g Erdbeeren
200 g Himbeeren
Saft von 1/2 Orange
2 EL Puderzucker, 2 Eiweiße
125 g Sahne, 8 Löffelbiskuits
je 6 cl Orangenlikör und -saft
2–3 EL geschlagene Sahne zum Verzieren

1. Gelatine in kaltem Wasser einweichen. Eigelbe, 60 g Zucker und Orangenschale schaumig schlagen. Die ausgedrückten Gelatineblätter im erwärmten Orangenlikör auflösen und unter die Eigelbmasse mischen. Im Kühlschrank leicht gelieren lassen.

2. Erdbeeren putzen, 4 Früchte mit Blattkrone beiseite legen. Die übrigen Früchte halbieren und mit der Hälfte der Himbeeren vermischen. Restliche Himbeeren mit Orangensaft und Puderzucker pürieren, durch ein Sieb streichen und mit den ganzen Beeren vermischen.

3. Eiweiße mit restlichem Zucker schnittfest und Sahne steif schlagen. Beides mit der zu gelieren beginnenden Creme vermischen.

4. Vier Dessertschalen mit Löffelbiskuits auslegen und mit der Mischung aus Orangenlikör und -saft beträufeln. Erst mit der Fruchtmischung, dann mit der Creme bedecken und einige Stunden durchziehen lassen.

5. Mit Sahnetupfen und ganzen Erdbeeren verzieren.

Bratapfel im Königsmantel

Für 4 Portionen

30 g Marzipan-Rohmasse

30 g gehackte gehäutete Mandeln

je 1 EL Zitronat- und Orangeatwürfel

4 gehackte kandierte Kirschen

2–3 EL Kirschschnaps

4 große Äpfel, z. B. Boskop

40 g Butter

1/8 l halbtrockener Weißwein

Ausserdem:

1 Eiweiß

50 g Zucker

2 EL gemahlene gehäutete Mandeln

1 EL Mandelblättchen

1. Marzipan mit den gehackten Mandeln, Zitronat und Orangeat und Kirschen vermischen und mindestens 15 Minuten mit Kirschschnaps marinieren.

2. Die Äpfel waschen und mit einem Apfelausstecher die Kerngehäuse entfernen. Die Äpfel nebeneinander in eine mit 20 g Butter gefettete Auflaufform stellen und die Marzipanfüllung in die Öffnungen geben. Restliche Füllung um die Äpfel verteilen.

3. Mit der restlichen Butter in kleinen Flöckchen belegen und im vorgeheizten Backofen bei 200 °C etwa 20 bis 30 Minuten braten. Nach 10 Minuten mit Weißwein begießen.

4. Währenddessen das Eiweiß mit dem Zucker schnittfest schlagen. Die gemahlenen Mandeln untermischen und die Masse in einen Spritzbeutel füllen. Kurz bevor die Äpfel gar sind, große Tupfen auf die Öffnungen spritzen. Mit den Mandelblättchen bestreuen und noch etwa 5 Minuten weiterbacken, bis die Baiserhaube goldbraun ist.

Sofort heiß mit Vanillesauce oder parfümierter Sahne servieren.

> Bühnenbildner Heinz Hauser hat die fantastischen Bilderwelten des Musicals erfunden. Für ihn hat sich ein altbekanntes Rezept ein prachtvolles Gewand umgelegt.

Prinzessinnen-Pfirsich

Für 4 Portionen

4 vollreife Pfirsiche

150 g Zucker, 1/2 l Wasser

Mark von 1 Vanilleschote

Saft von 1 Zitrone

250 g Himbeeren

2 cl Himbeerschnaps

Puderzucker zum Bestäuben

8 Kugeln Vanilleeis

20 g gehackte Pistazien

1. Pfirsiche in kochendes Wasser tauchen, häuten, halbieren und entkernen.

2. Zucker mit Wasser, Vanillemark und Zitronensaft sirupartig einkochen lassen und die Pfirsichhälften darin 3 bis 5 Minuten pochieren. Abkühlen lassen.

3. Himbeeren mit 2 bis 3 EL Sirup im Mixer pürieren, passieren und mit Himbeerschnaps verfeinern.

4. Große Teller mit Puderzucker bestäuben, in die Mitte jeweils 2 Kugeln Eis geben, diese mit je einer Pfirsichhälfte bedecken und mit Himbeermark begießen.

Rundherum einige gehackte Pistazien streuen.

Birne Cosima

Für 4 Portionen

4 Birnen, z. B. Williams Christ
2 EL Zitronensaft
1/2 l halbtrockener Weißwein
150 g Zucker
1 Stückchen Ingwer
1 Stückchen Zimtstange
1 Stückchen unbehandelte Zitronenschale
100 g Zartbitterschokolade
4 cl Birnenschnaps
4 EL Sahne
8 Kugeln Vanilleeis
kandierte Veilchen und gehackte Pistazien zum Verzieren

1. Die Birnen schälen, halbieren und die Kerngehäuse entfernen. Mit Zitronensaft beträufeln.

2. Wein, Zucker, Ingwer, Zimt und Zitronenschale zum Kochen bringen und sirupartig einkochen. Die Birnenhälften darin 3 bis 5 Minuten je nach Reife der Früchte pochieren. Herausnehmen und abkühlen lassen.

3. Schokolade in kleine Stücke brechen und mit dem Birnenschnaps und der Sahne bei schwacher Hitze oder über einem Wasserbad unter Rühren schmelzen lassen.

4. Jeweils 2 Kugeln Vanilleeis in die Mitte eines Tellers geben und mit den Birnenhälften bedecken. Die Schokoladensauce gut durchrühren und über die Birnen gießen. Mit kandierten Veilchen und gehackten Pistazien verzieren.

Fernweh-Gelee

Für 4 Portionen

9 Blatt weiße Gelatine
1 rosa Grapefruit
1 Orange
2 Kiwis
1/2 vollreife Mango
1 Papaya
100 g Himbeeren
40 g Zucker
3/4 l edelsüßer Wein, z. B. Sauternes oder Beerenauslese
4 Minzezweige
100 g Sahne
2 EL fein gehackte Pinienkerne

1. Die Gelatineblätter in kaltem Wasser einweichen.

2. Grapefruit und Orange so dick schälen, dass die weiße Haut völlig entfernt ist, filetieren. Kiwis und Mango schälen, die Kiwis in Scheiben, die Mango in schmale Spalten schneiden. Die Papaya halbieren, schwarze Kerne entfernen und mit einem Kugelausstecher kleine Bällchen aus dem Fruchtfleisch formen. Die Früchte hübsch in Sektschalen anordnen und mit den Himbeeren garnieren.

3. Zucker und 1 EL Wein erhitzen und sirupartig einkochen. 1 Glas Wein dazugeben, von der Kochstelle nehmen und die gut ausgedrückten Gelatineblätter darin auflösen.

4. Den restlichen Wein dazugießen und über einer mit Eiswürfeln gefüllten Schüssel unter Rühren erkalten lassen. Sobald die Flüssigkeit zu gelieren beginnt, vorsichtig mit einem Schöpflöffel über den Früchten verteilen. Sie müssen völlig mit Gelee bedeckt sein. Im Kühlschrank in etwa 1 Stunde fest werden lassen.

5. In jedes Gelee 1 Minzezweig stecken. Die Sahne steif schlagen und mit den Pinienkernen vermischen. Mit zwei Esslöffeln Nocken abstechen und auf den Geleespiegeln anrichten.

IM MUSICAL IST DER REGENBOGEN DAS SINNBILD FÜR KÖNIG LUDWIGS SEHNSUCHT NACH DEM PARADIES UND FÜHRT ZUM HYMNISCHEN FINALE.

REGENBOGEN-FRUCHTSALAT

FÜR 4 PORTIONEN

- 150 g weiße Trauben
- 150 g blaue Trauben
- 250 g Zwetschgen
- 2 kleine aromatische Äpfel
- 2 kleine aromatische Birnen
- 4 EL Preiselbeerkonfitüre
- 100 ml Amontillado-Sherry
- 50 g geröstete gehackte Walnüsse

1. Die Früchte waschen. Trauben und Zwetschgen halbieren und die Kerne entfernen. Die Zwetschgen längs in schmale Spalten schneiden. Äpfel und Birnen schälen, halbieren, die Kerngehäuse entfernen und die Hälften in längliche Spalten schneiden. Die Früchte in eine große Schüssel geben.

2. Die Preiselbeerkonfitüre durch ein feines Sieb streichen und mit Sherry verrühren. Mit den Früchten vermischen und mindestens 30 Minuten durchziehen lassen. Kurz vor dem Servieren mit grob gehackten gerösteten Walnüssen bestreuen.

Augustus Verlag München 2000

ISBN 3-8043-6036-X

Konzept und Organisation: Monika Kellermann
Rezepte: Monika Kellermann, Stephan Franz
Grafik: dworak & ronczka, München
Redaktion und DTP: Gertrud Köhn
Redaktion Ludwig Musical: Jan Linders
Foodfotos: Karl Newedel
Küche: Ernst Soldan
Szenenfotos: Brinkhoff/Mögenburg
Skizzen: Heinz Hauser
Bühnenbild-Vorlagen: Ludwig Musical Atelier
Außenaufnahmen Bad Kissingen: Bayerisches Staatsbad Bad Kissingen GmbH
Alle anderen Abbildungen: (c) Ludwig Musical AG & Co. Betriebs KG
Dank an: Ulrich Proschka, Kurdirektor Sigismund von Dobschütz
Druck und Bindung: Druckerei Appl, Wemding
Geschirr: Rosenthal
Lizensiert durch TOOL, Planegg

Das Musical „Ludwig II. – Sehnsucht nach dem Paradies“ von Franz Hummel, Stephan Barbarino und Heinz Hauser spielt täglich außer Montags im Musical Theater Neuschwanstein, Füssen.
Die „Königswelten“ (ClassicCafé, BierWirtschaft, RomantikRestaurant, TheaterMarkt etc.) sind ab 11 Uhr geöffnet.
Tickets & mehr: 01805-58 39 44 (25 Pf./Min.)
www.ludwigmusical.com